AF331881

LETTRE

DE

M. DE PEYRONNET

AU DIRECTEUR

DU CONSTITUTIONNEL.

IMPRIMERIE DE DUCESSOIS,
QUAI DES AUGUSTINS, 55.

Votre feuille du 24 octobre m'est parvenue un peu tard, Monsieur; je suis en un lieu où l'on a rarement à point nommé ce qu'on veut.

Vous vous êtes donc occupé de moi : je vous en rends grâce. Vous m'avez même donné des éloges : j'en suis fort touché.

Croyez, cependant, que je ne les prends que pour ce qu'ils sont. Vous avez voulu flatter le malheur; cette flatterie-là vaut presque mieux que de la justice.

C'est dommage, permettez-moi de vous le

dire, que le vieux pli soit si promptement revenu.

Ne fallait-il donc louer le calme de mon esprit et de mon langage que pour en conclure qu'apparemment ma prison est douce et *mes fers légers ?*

N'y a-t-il, à votre avis, de courage dans le cœur de l'homme que pour les médiocres disgraces ; ou me dénieriez-vous toute part à ce courage, plus ferme, qui supporte les grandes adversités sans fléchir ?

Désabusez-vous, Monsieur ; rien ne manque aux amertumes du sort qu'on m'a voulu faire.

Mais si vous trouvez d'ailleurs mes fers si légers, que ne conseilliez-vous de les rompre ? Il y aurait si peu de changement pour moi selon votre opinion ; et il y en aurait un si grand pour ceux qui, ayant eu le tort de violer toutes les lois à mon détriment, auraient au moins la consolation de réparer ce dommage, où ils perdent bien plus que moi.

Encore un pas, et vous arriviez de vous-même à ce terme ; car n'avez vous pas dit : « que vous « ne vous chargiez pas de plaider devant moi pour « mes juges ? »

Vous condamnez donc leur jugement comme moi ? Mais alors, Monsieur, comment justifirez-vous ma captivité ?

A-t-elle aujourd'hui un autre prétexte que le jugement ? Quel est le titre actuel ou plutôt l'excuse de mes geôliers ? Où cherchent-ils le droit qu'ils s'arrogent de me retenir ?

Le jugement abandonné, reste-t-il encore quelque chose ? Rien, Monsieur ; pas même l'accusation, qui s'est irrévocablement épuisée dans ce débat sans terme légal et sans effet régulier.

Voulez-vous cependant qu'elle survive ? Ah ! j'y consens de grand cœur, et me voilà prêt ! Que le seuil de la justice soit libre, et j'y retourne avec joie ! Qu'il n'y ait pour me juger que mes juges, et je vais à eux !

Cela serait illégal, répondrez-vous ; mais que vous importe ; s'il me plaît à moi de le trouver bon ?

N'y a-t-il envers moi d'illégalités excusables que les illégalités auxquelles je ne consens pas ?

Mais il est juste de vous suivre où vous trou-

vez plus commode d'aller. Laissons-donc le jugement, qui est pourtant aujourd'hui mon
unique affaire, et reprenons vos objections.

Je reconnais, dites-vous, dès l'abord, « que
» l'un des crimes qualifiés dans l'arrêt empor-
» tait la peine de mort. »

En vérité, Monsieur, voilà une fâcheuse
méprise; je vous assure que je n'ai reconnu cela
nulle part.

Il y en a même deux bons témoignages : mon
écrit d'abord qui n'en dit rien; et puis l'arrêt,
qui ne qualifie d'autre crime que celui de la
trahison.

Or, comme j'ai répété à satiété, qu'il n'y avait
ni loi, ni peine contre ce crime, il serait, ce me
semble, assez difficile que j'eusse dit qu'il
emportait la peine de mort.

Cependant, « je n'épargne pas même à mes
» juges, s'il faut vous en croire, le reproche
» d'avoir arbitrairement adouci la peine pro-
» noncée par la loi, et d'avoir usurpé, envers
» moi, le droit de grâce. »

Ceci est encore inexact, Monsieur, complètement inexact : je n'ai pas écrit un mot qui y ressemble, ni qui en approche.

Mon embarras eût même été fort grand, si j'en avais eu la folle pensée ; car comment un homme qui prouve qu'il n'y avait ni loi, ni peine pour le condamner, s'y prendrait-il, je vous prie, pour faire voir en même temps, qu'en lui infligeant une peine , on lui a fait grâce ?

Vous saviez pourtant bien mon objection, qu'il n'y avait pas de loi ; vous la saviez même si bien, que vous y avez répondu. A la vérité, votre réponse est encore une erreur de fait, palpable et matérielle.

« Vous-même, M. de Peyronnet, me deman-
» dez-vous, lorsque vous vîntes, en 1821,
» comme procureur-général, demander des con-
» damnations de conspirateurs, en vertu de
» quelle loi parliez-vous? »

Mon dieu, Monsieur, puisque vous l'ignorez, je vais vous le dire. Je parlais en vertu de la seconde partie de l'article 33 de la Charte, et en vertu des articles 87, 88, 89, 90 et 103 du Code pénal ; voilà tout.

Et des vingt-neuf avocats qui parlèrent à leur

tour dans cette cause, il ne s'en trouva pas un seul qui prétendît qu'il n'y eût pas de lois.

Mais voici une autre objection ? Dites plutôt, Monsieur, une autre méprise.

J'avais dit de la cour des pairs : « elle a fait » ce qui n'avait eu jusqu'ici d'exemple dans *au-* » *cun tribunal de justice* : elle a fait le crime, » la loi, la peine et le jugement. »

Vous me répondez ; et comment ? Vous me répondez en me demandant « si j'ai oublié la » fameuse loi d'amnistie ? »

De bonne foi, Monsieur, me donnez-vous cela pour une réponse ? C'est d'un *tribunal de justice* qu'il est question, ne l'oubliez pas ; c'est d'une accusation en forme et d'un juge-ment solennel qu'il est question. Je parle d'ar-rêt ; vous parlez de loi : je parle de tribunaux ; vous parlez de chambre : je parle de justice ré-gulière, c'est-à dire de ce dont il est question ; vous parlez de ce dont il n'est pas question, c'est-à-dire du pouvoir politique et législatif. Puis-je admettre que vous m'ayez répondu ?

Qu'y a-t-il de commun entre une loi et un

jugement ? En quoi se ressemblent l'action isolée du pouvoir unique qui fait le second, et l'action collective des trois pouvoirs qui font la première ? M'avez-vous surpris blâmant ou justifiant quelque loi ? M'avez-vous entendu contester que la puissance législative eût pu, avant le jugement, me bannir ? Point du tout. Je n'ai contesté qu'une chose, savoir : que lorsqu'au lieu d'une mesure politique, on veut un arrêt; au lieu d'un acte de police supérieure, une décision exacte, régulière, de simple et commune justice, il soit permis à des juges qui ne sont tels que pour appliquer les lois faites, d'avouer naïvement qu'ils n'ont pas de loi, et de condamner cependant comme ils feraient s'ils en avaient une.

Mais vous citez un second exemple, celui du maréchal Ney. C'est une triste nécessité que vous m'imposez, Monsieur, en m'obligeant, moi, malheureux, à disputer sur d'autres malheurs. Cela est dur, mais je m'y soumets.

Vous vous élevez contre l'iniquité de ce jugement. Ce n'est pas cela qui m'étonne. Ce qui m'étonne, c'est que rien au monde ne m'étant plus étranger que ce jugement, vous ayez omis de le rappeler.

Mais cet oubli n'empêchant point le fait d'être vrai, il se trouve que votre objection, bien comprise, se traduit très-exactement en ces termes :

L'iniquité commise envers vous, cesse d'être une iniquité, par la raison qu'une autre iniquité a été commise par d'autres que vous.

Passons cependant.

Votre première remarque est que la loi d'attribution manquait dans ce procès comme dans le nôtre.

Non, Monsieur, elle ne manquait pas. Votre méprise est venue de ce que vous n'avez pas fait attention à la différence qu'il y a entre l'article 33 et l'article 56 de la Charte :

Le premier défère à la cour des pairs, les attentats à la sûreté de l'État, qui seront définis par la loi ; et ces attentats sont définis par le Code.

Le second défère à la cour des pairs la trahison des ministres, en ajoutant que des lois particulières spécifieront cette nature de délits ; et ces lois particulières ne sont pas faites.

Or, c'était le premier article qui servait de fondement à l'ancien procès ; c'est le second qui a servi de fondement au nouveau.

Vous ajoutez que des pairs avaient été exclus à cette époque comme dans la nôtre.

Sur cela, Monsieur, j'ai plusieurs choses à vous dire, et beaucoup de différences à vous indiquer.

1° L'ordonnance de 1815 n'excluait que vingt-six pairs, et l'acte de 1830 en fait sortir cent quarante-huit (1).

2° L'exclusion de 1815 avait pour motif un fait manifeste et considérable : ceux qui en furent l'objet avaient renié le gouvernement du roi, et suivi la fortune de son ennemi (2). En 1830, au contraire, qu'avaient fait ceux qui furent exclus ?

---

(1) Outre cela, vingt-huit autres pairs se sont abstenus de prendre part au procès. Le nombre total des absens a été, par conséquent, de cent soixante-seize.

(2) C'était l'ancienne loi de la monarchie et de la pairie. Au jugement du duc de Bretagne, Jean de Montfort, le roi de Navarre, ne fut pas appelé, parce qu'il avait violé la foi due à son suzerain.

3° En 1830, les juges exclus l'ont été après l'arrestation faite et l'accusation commencée. En 1815, près de quatre mois s'étaient écoulés depuis l'exclusion, quand le procès fut attribué à la cour des pairs;

4° En 1815, bien loin de vouloir assurer le succès de l'accusation par l'exclusion, le gouvernement ne songeait pas même à faire juger le malheureux maréchal par la cour des pairs. Il l'envoya devant un conseil de guerre;

5° Ce fut le maréchal qui réclama la juridiction de la cour des pairs, réorganisée par l'ordonnance du 17 août; ce fut lui qui déclina la juridiction du conseil de guerre;

6° Faites le dénombrement des suffrages : comptez dans le premier cas, les juges absens, pour l'absolution, et rien n'est changé. Comptez-les de la même façon, dans le second cas, et je suis libre;

Enfin les pairs inamovibles et héréditaires, ont été rendus amovibles, en 1830. En 1815, dépendans encore et nommés seulement à vie, ils devinrent héréditaires et complétement indépendans avant le procès.

Un mot encore sur ce point. Vous rappelez, Monsieur, l'exclusion de 1815. C'est bien vous, et non pas moi, qui la rappelez. Vous plairait-il de me dire en quelle forme et par quel acte elle a été faite? Par une loi? Non, en vérité. Par un jugement? Non, en vérité. Elle a été faite par une ordonnance. Et cette ordonnance elle-même, contresignée, je crois, par M. de Talleyrand, en vertu de quoi et de quel droit a-t-elle été faite? Du droit réservé par l'article 14, si je ne me trompe. Voilà encore une assez bonne preuve de ce droit, et qui me vient de vous, Monsieur : je vous en remercie.

Vous poursuivez cependant : « J'oublie, dites-
» vous, qu'il y a eu une révolution ; j'oublie
» qu'un peuple en révolution n'observe pas
» toujours le droit politique et le droit des gens ;
» j'oublie qu'une révolution apporte des chan-
» gemens à la jurisprudence. »

Non, Monsieur, non assurément, je n'oublie pas la révolution. On m'a fourni, ce me semble, d'assez bonnes raisons pour m'en souvenir. Mais la révolution de juillet, ne dites-vous pas qu'elle a fini le 7 août? Or, c'est en décembre que l'on

m'a jugé. Et mon jugement, ne dites-vous pas
que c'est un vrai jugement? Or, il appar-
tient à un jugement d'être régulier et légal.
Choisissez pourtant; acte révolutionnaire ou jugement, choisissez : jugement? La révolution
n'y peut rien; et comme il est manifestement
illégal, il est aussi manifestement nul. Acte révolutionnaire? Je n'ai rien à dire, si ce n'est qu'il
vaudra..... tout ce que valent les actes révolu-
tionnaires.

« Un peuple en révolution n'observe pas tou-
» jours le droit politique? » Cela est vrai; mais
comment l'histoire qualifie-t-elle les actes par
lesquels il viole ce droit? Vous est-il agréable
que nous donnions la même qualification à mon
jugement? Consentez-y; nous voilà d'accord.

« Une révolution change la jurisprudence? »
Oui, certes. Aussi, qu'une révolution de despotisme abolisse une jurisprudence de liberté,
j'entends cela; qu'une révolution de liberté ré-
voque une jurisprudence de despotisme, j'entends
cela. Mais qu'une révolution de liberté établisse
une jurisprudence de despotisme, je ne comprends plus; qu'une révolution de liberté livre

la vie de l'homme à l'arbitraire de son juge, je ne comprends plus. Dites-moi donc, de grâce; la révolution de juillet fut-elle une révolution de despotisme ou de liberté? Tout tient à cela.

Vous poursuivez encore : « Et si la garde » royale avait vaincu, demandez-vous, qu'au- » rait-on fait? Que M. de Peyronnet nous le » dise, la main sur la conscience. »

Très-volontiers, Monsieur, la main sur la conscience, je vous le dirai.

Ce qu'on aurait fait? On aurait respecté la loi : il ne se serait, à coup sûr, trouvé personne ni pour la violer, ni pour prescrire de la violer.

Ce qu'on aurait fait? Les amnisties de 1825 et de 1826, contresignées par moi, peuvent vous apprendre de quelle façon Charles X traitait ceux qui s'étaient armés contre lui.

Il amnistiait ceux que la loi frappait; et vous, que faites-vous de ceux qu'on frappe sans loi?

Mais réfléchissez d'ailleurs à votre objection. Quoi, Monsieur, en êtes vous déjà réduit là, et vous faut-il chercher des excuses si loin de ce qui a été, et jusques dans les choses qui auraient pu être? Entendez-vous sérieusement qu'une condamnation se justifie par ce qui n'a pas été fait ? A ce compte, vous aviez raison de le dire, les révolutions changent prodigieusement les jurisprudences.

Jusqu'ici tout s'est trouvé inexact ; mais, du moins, rien d'odieux ne s'est encore mêlé à votre critique : pourquoi ne pas persévérer ainsi jusqu'au bout ? Quoi, Monsieur, c'est de moi, de moi, proscrit et captif ; de moi, qui ai fait retentir ma douleur dans la France entière, c'est de moi que vous dites si cruellement et si faussement : « que je ne compte pour rien le sang des » gens du peuple qui ont été tués ? » Pour rien, Monsieur ! Ah ! personne, grâce à Dieu, n'a besoin de me dire ce que vaut le sang ! Il y a long-temps que les révolutions m'ont appris à pleurer celui qu'elles coûtent : elles n'ont pas toujours épargné le mien. Au moment le plus solennel de ma vie, devant mes juges, et devant vous-même, qui étiez présent, mon cœur plutôt que ma bouche a prononcé ces paroles qu'il faut bien répéter puisque vous les avez oubliées.

« Le sang à coulé ; voilà le souvenir qui » pèse à mon cœur. Paix à ceux qui ont suc-

» combé ; paix et consolation à ceux qui ont
» survécu. Quelque dur qu'ait été mon sort,
» quelque grandes que soient les injustices qui
» m'ont été faites, aucun sentiment ne peut
» surmonter en moi celui de la sympathie et
» de la pitié. Rien ne peut m'empêcher de ver-
» ser des larmes sur le sang qui a été versé.
» J'en devrais davantage si j'avais été cause
» de ces malheurs ; j'en dois encore beau-
» coup, quoique je ne me les reproche point.

» *Que les amis et les ennemis acceptent égale-*
» *ment ce triste et légitime tribut que je leur paie*
» *à tous, et que je leur paierais encore quand*
» *même ils le repousseraient.* Un malheureux
» frappé comme moi, n'a guère plus que des
» larmes, et l'on doit peut-être lui tenir compte
» de celles qu'il ne garde pas pour lui-même. »
Voilà ma réponse, Monsieur. Je vous l'envoie
presque indifféremment et sans autre dessein
que de m'entretenir avec vous. Je vous l'envoie,
comme je ferais à un ami. Je ne vous demande
point de la publier, et ne vous demande pas
non plus de ne pas le faire. Vous êtes le maître.
J'avoue que cela est long et pourrait vous donner

un peu d'embarras. Abstenez-vous donc, si vous l'aimez mieux. Je ne veux plus de bruit ni de dispute : la certitude d'avoir dit la vérité me suffit.

Recevez, Monsieur, l'assurance d'une parfaite considération.

DE PEYRONNET.

9 782014 062199